Dieta colorata e divertente

Da oggi anche per chi deve seguire la dieta non avrà piu problemi da oggi può essere bello, divertente, buono e coloratissimo!

Ebbene si avete capito bene, la dieta no ha più ostacoli, mangia cose colorate e divertenti e perdi peso!

Oh finalmente non sarà piu dura e difficile, non te ne accorgerai neanche mangerai e perderai peso|Incredibile no?

Forza cosa aspetti continua a leggere questo libro ne scoprirai delle belle

Non mi resta che augurarvi buona lettura, buona dieta e.....buon divertimento

Oggi avevo pensato di preparare queste insalate super leggere e coloratissime

Che ne pensate? Un'ottima idea no?

Coloratissime e appetitose, con gli ingredienti di stagione, sono leggere ma salutari

- **4 carciofi "violetti di Toscana"**

un finocchio

2 cipollotti

2 mazzetti di rucola

2 uova

50 g di olive nere snocciolate

un limone

olio extravergine d'oliva

erba cipollina

sale, pepe

Pulite i carciofi fino ad arrivare alla parte più tenera del cuore, tagliateli a fettine sottili e metteteli subito in abbondante acqua acidulata con il succo del limone. Pulite i finocchi e tagliateli a fettine sottili, affettate al velo la sola parte bianca dei cipollotti.

Mettete finocchi e cipollotti in una ciotola e aggiungete i carciofi, sgocciolati e asciugati con carta assorbente, e le olive intere. Condite con un filo di olio extravergine, un pizzico di sale, una macinata di pepe, mescolate e lasciate riposare l'insalata in frigo per mezz'ora, coperta.

Mettete le uova in acqua fredda e rassodatele calcolando 8 minuti di cottura dall'ebollizione. Raffreddatele sotto l'acqua corrente, sgusciatele, tagliatele a spicchi e aggiungetele all'insalata insieme alla rucola, lavata e tagliata a striscioline; cospargete con erba cipollina tagliuzzata e servite.

Un'idea in più per condire l'insalata: bollite per 6 minuti un uovo, sgusciatelo, apritelo a metà e raccogliete il tuorlo morbido in una tazzina. Stemperatelo con 2 cucchiai di aceto, 5 cucchiai di olio e unite l'albume tritato, sale e pepe. Versate la salsina sull'insalata solo al momento di servire.

Insalatona esotica

- Pulite e lavate 200 g di insalata riccia, poi tagliuzzatela. Lavate anche 200 g di songino. Asciugate le insalate e raccoglietele in un'insalatiera. Aggiungete 2 carote tagliate a fiammifero, 5 pomodori ramati, privati dei semi e tagliati a spicchi, e le falde di 1 peperone giallo, 1 rosso e 1 verde.

Sbucciate 1 avocado e 1 mango, tagliateli a dadini e spruzzateli con succo di limone. Sminuzzate 2 filetti di trota affumicata; sgusciate 16 gamberoni e lessateli a vapore per 5 minuti; lasciateli raffreddare e conditeli con sale e pepe. Aggiungeteli all'insalata mista assieme alla trota.

Unite anche il mango, l'avocado, 120 g di mais in scatola sgocciolato e 30 g di capperi sott'aceto ben lavati.

Emulsionate 3 cucchiai di olio extravergine con 1 cucchiaio di aceto balsamico, sale e pepe. Condite l'insalata con l'emulsione, mescolate e servite.

Insalatona di carciofi e uova

- Ingredienti

8 carciofi

4 uova

4 fette di prosciutto crudo

un mazzetto di erba cipollina

un limone

3 cucchiai di olio extravergine d'oliva

sale

Mettete le uova in una pentola con acqua fredda e cuocetele per 7 minuti dal momento dell'ebollizione.

Intanto, pulite i carciofi eliminando i gambi, le foglie più dure, le spine e il fieno interno. Riduceteli a fettine e immergeteli subito in acqua acidulata con il succo del limone. Poi scottateli per 6 minuti in acqua in ebollizione salata.

Tostate il prosciutto sotto il grill del forno per 3 minuti. Suddividete nei piatti le uova sgusciate, i carciofi sgocciolati e il prosciutto a tocchetti. Completate con l'olio e l'erba cipollina tagliuzzata e regolate di sale.

"Che ne pensate fino ad ora? Buono no?" Continuiamo un altro po'

<u>Insalatona pasqualina alla francese</u>

- ***Ingredienti***

200 g di pasqualina

4 formaggini di capra stagionati

8 pomodori ciliegia

1 uovo

pangrattato

2 cucchiai di aceto di vino bianco

1 cucchiaino di senape

4 cucchiai di olio extravergine di oliva

olio di semi di mais per friggere

1 scalogno

sale

pepe

Lava e asciuga l'insalata. Sbuccia e affetta sottile lo scalogno. Lava e taglia i pomodorini a spicchi.

Prepara la salsina: mescola in una ciotola sale, aceto, l'olio extravergine, una macinata di pepe e la senape.

Taglia i formaggini a metà in senso orizzontale. Passali nell'uovo sbattuto e poi nel pangrattato. Friggi i formaggini in olio di semi ben caldo e sgocciolali su carta assorbente.

Metti l'insalata su un piatto, condiscila con la salsina, aggiungi lo scalogno e i pomodorini e appoggiaci sopra i formaggini.

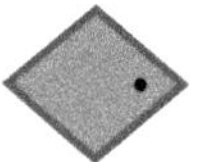

Queste insalatone cosi gustose e colorate mettono una gran fame vero? Che ne dite ne iniziamo a fare una? Forza tu che leggi sceglìene una e prova a farla la famiglia ti ringrazierà di certo.

Insalatona di coniglio

- **Ingredienti**

800 g di coniglio a pezzi

1 carota

1 costa di sedano

1 cipolla

4 chiodi di garofano

2 foglie di alloro

200 g di fagiolini

1 piccolo peperone rosso

1 piccolo peperone giallo

50 g di rucola

1/2 bicchiere di aceto bianco

olio extravergine di oliva

sale e pepe

Lessa il coniglio. Spunta, spella e lava la carota; lava il sedano. Taglia la carota e il sedano a tocchetti. Spella la cipolla e steccala con i chiodi di garofano. Riunisci le verdure in una pentola con 2 l di acqua e 1/2 bicchiere di aceto. Aggiungi l'alloro, sale e pepe nero in grani e porta a ebollizione. Immergi i pezzi di coniglio nel brodo, copri con il coperchio e cuoci per circa 40 minuti.

Lascia intiepidire il coniglio immerso nel brodo, che potrai usare, in un secondo tempo, per risotti o per cuocere il coniglio in casseruola.

Griglia i peperoni. Nel frattempo, cuoci i peperoni in forno già caldo a 200° per 30 minuti, girandoli su tutti i lati. Lasciali raffreddare in un sacchetto per alimenti, spellali, elimina il picciolo, i semi e le nervature e tagliali a striscioline. Spunta e lava i fagiolini. Scottali in acqua bollente salata per 5-6 minuti; quindi sgocciolali e raffreddali in acqua e ghiaccio.

Sgocciola i pezzi di coniglio dal brodo e disossali; taglia la polpa a pezzettini e disponila in una ciotola. Unisci i peperoni, i fagiolini tagliati a pezzetti e la rucola lavata e spezzettata. Condisci con 4 cucchiai di olio extravergine di oliva, sale e pepe e servi.

Insalatona delicata

- **Ingredienti**

un cespo di lattuga

100 g di scamorza

2 fette spesse di prosciutto cotto (circa 150 g)

10 mandorle pelate

un avocado maturo

maionese

olio

limone

sale

pepe

Mondate, lavate ed asciugate la lattuga. Dividete le foglie più grandi e disponetele in un'insalatiera.

Pelate la scamorza e riducetela a cubetti; tagliate a cubetti anche il prosciutto.

Riducete le mandorle a fettine e riunite tutti gli ingredienti nell'insalatiera.

Qualche minuto prima di servire tagliate in 2 parti l'avocado, eliminate il nocciolo e la buccia; poi affettate la polpa sottilmente e spruzzatela col succo di limone per evitare che annerisca, quindi unitela all'insalata.

Guarnite a piacere con maionese e accompagnate con olio, sale e pepe a parte. Servite come antipasto.

Insalatona con tacchino grigliato

- **Ingredienti**

150 g di insalatine verdi miste

2 carote novelle

1 barattolo di mais da 150 g

4 fette di fesa di tacchino di circa 150 g ciascuna

4 pomodori da insalata

3 cucchiai di yogurt magro

2 cucchiaio di olio extravergine di oliva

aceto di mele

alloro

vino bianco

1 spicchio d'aglio

rosmarino

1 cucchiaino di miele

sale e pepe

Fai marinare il tacchino. Schiaccia e spella l'aglio, dividilo a metà ed elimina il germoglio interno. Lava e asciuga 2 foglie di alloro e 2 rametti di rosmarino. Aggiungi questi aromi al tacchino posto nella ciotola, bagna con 1 bicchiere di vino, mescola e fai marinare per 30 minuti.

Nel frattempo, pulisci e lava le insalatine e spezzettale grossolanamente con le mani. Spella e spunta le carote e passale nella grattugia a fori grossi. Versa il mais in un colino, passalo sotto acqua fredda corrente, sgocciolalo e asciugalo su carta da cucina. Lava i pomodori, asciugali e tagliali a spicchietti.

Emulsiona in una ciotolina un pizzico di sale e pepe con 1 cucchiaio di aceto, lo yogurt, il miele e l'olio. Intanto, arroventa la bistecchiera o una padella antiaderente.

Sgocciola le fettine di tacchino dalla marinata, asciugale con carta da cucina, salale, adagiale sulla bistecchiera e grigliale per 3-4 minuti. Girale sull'altro lato e prosegui per 2-3 minuti; condiscile con un pizzico di sale e pepe. Lasciale intiepidire e poi tagliale a listerelle. Riunisci in un'insalatiera tutte le verdure preparate e il tacchino, condisci con la salsina allo yogurt e servi.

....

Che dite ancora un'ultima insalatona prima di passare ai nostri consigli e notizie utili per voi che siete a diete!

Insalatona con il tacchino e l'erba cipollina

- **Ingredienti**

3 ceppi di indivia

4 ravanelli

champignon

100 g di germogli di soia

8 fette di arrosto di tacchino

100 g di fiocchi di latte

erba cipollina

aceto

sale

Mescolate la verdura alle fette di tacchino e all'erba cipollina. Per condire amalgamate i fiocchi di latte con 4 cucchiai di acqua, aceto e sale.

Eccoci finalmente giunte alla parte dei nostri consigli utili, leggerete tutte con molto interesse, almeno spero, cercherò di darvi ottimi consigli su come perdere peso, sulle cose che dovete bere per depurare l'organismo, su quali alimenti sono drenanti, quali depuranti e cosi via dicendo….

Pronti???? Viaaaaaaaaaaaaaaa

Erbe depurative: le piante drenanti contro cellulite e gonfiore

***Gonfiore di stomaco**? Liquidi in eccesso e **cellulite**? Ecco le **erbe depurative** che vi aiuteranno a sentirvi più leggere e a "sgonfiarvi" naturalmente.*

*Se mangiare un bel piatto di pasta vi terrorizza a cause del **gonfiore post pranzo**, le erbe depurative sono **quello che fa per voi**.*

*Non abbiate paura di **concedervi uno sfizio**. Potete **ridurre cellulite e gonfiori intestinali** grazie alla **betulla**. Nel caso in cui non ne foste a conoscenza, espelle l'acido urico e **dona regolarità** al vostro intestino pigro.*

*Un'altra erba che può fare al caso vostro è l'**equiseto**. E' ricco di sali minerali ed ha un'**azione doppia**: aiuta la naturale diuresi senza indebolire l'organismo.*

*Il **cavolo**, invece, è molto utile contro il gonfiore ed ha **proprietà drenanti elevatissime**. Preparate un centrifugato di cavolo e miele ed il vostro organismo vi sorriderà.*

*Avevate mai sentito parlare dell'**ortica**? E' un ottimo depurativo per il fegato e **rafforza lo stomaco**. Il **limone**, invece, è molto utile contro la formazione di adipe ed è un ottimo diuretico. Preparatene una tisana o un infuso, come in "**Tisana anti-cellulite al limone**", e tutti i problemi svaniranno in un battibaleno!*

Una piccola ricettina per voi ora: TISANA FAI DA TE DRENANTE, PER SGONFIARSI E DIRE ADDIO ALLA CELLULITE

UNA **TISANA FAI DA TE** DRENANTE È CIÒ CHE DOVETE PROVARE PER FAR SPARIRE LA TANTO ODIATA **CELLULITE**! PER PREPARARE LE VOSTRE **GAMBE** AD ESSERE PIÙ BELLE CHE MAI!

TEMPO DI **DEPURARSI** E DI INIZIARE A PENSARE COME FAR SPARIRE DALLE GAMBE LA CELLULITE: NULLA DI MEGLIO CHE UNA TISANA FAI DA TE. ECCO GLI INGREDIENTI DA *PORTARE IN INFUSIONE PER RENDERE LA TUA PELLE SPLENDIDA!*

INGREDIENTI:

- 25 GR DI FIORI ESSICCATI DI SAMBUCO NERO
-25 GR DI FIORI DI VIOLETTA SELVATICA
- 10 GR DI BARDANA

PREPARAZIONE:

PORTARE A EBOLLIZIONE I TRE CUCCHIAI DI MISCELA E FILTRARE QUASI SUBITO. BERE DUNQUE UNA TAZZA LA MATTINA A DIGIUNO E DUE TAZZE NELL'ARCO DELLA GIORNATA LONTANO DAI PASTI.

Ed ora per voi care amiche ben 5 tisane drenanti tutte da provare e a cui affezionarsi:

1- Tisana drenante al prezzemolo e limone

Le foglie del **prezzemolo** contengono molti sali minerali in grado di aiutare il corpo a smaltire i liquidi. Mette in infusione in acqua bollente un mazzetto di prezzemolo (foglie e stelo) insieme a due fette di limone: per dare un sapore un po' più piacevole potete aggiungere qualche foglia di **mentuccia**. Lasciate in infusione almeno 5 minuti: potete berla calda o fredda!

2- Tisana drenante al tarassaco e betulla

Mescolate 50 gr di **tarassaco**, 25 gr di foglie di **betulla**, e 25 gr di **ortica**: conservate la **tisana** in un baratolo sigillato e usate tre cucchiaini per ogni tazza di infuso. Lasciate le erbe in infusione in acqua bollente per almeno 5 minuti: servite con un cucchiaino di miele.

3- Tisana drenante alla bardana con anice e sambuco

Create la vostra miscela di **bardana e sambuco,** mettete in infusione due cucchiai di erbe per ciascuna tazza di tisana e aggiungete 2 stelle di anice. lasciate in infusione e servite caldo.

4- Infuso con gambi di ciliegio

Non buttate i **gambi delle ciliegie:** teneteli da parte facendoli seccare e tagliateli finemente. Usatene tre cucchiai colmi per ciascuna tazza e lasciateli in infusione: filtrate e servite caldo con un la scorza di pompelmo rosa.

5- Tisana agli asparagi, zenzero e lime

I gambi degli **asparagi** che non usate per cucinare li potete riutilizzare per una tisana drenate: fateli bollire in acqua con due pezzi di radice di **zenzero** fresco e mezzo **lime**. Servite caldo con la scorza di lime.

Ed ora per voi da leggere tutto di un fiato:

I 6 CIBI DEPURATIVI PER RIMETTERSI IN FORMA IN MODO NATURALE

Il vostro intestino ha bisogno di **una carica in più**? Ecco 6 **cibi depurativi** ricchissimi di fibre che possono aiutarvi a **eliminare le scorie e rimanere in forma**.

Vi sorprenderete di scoprire come **cibi che mangiamo quotidianamente** sono ricchi di fibre e possono aiutarvi a ritrovare la vostra **naturale regolarità**. Kiwi e **mele**, ad esempio, sono ricchissimi di fibre. Volete scoprire gli altri?

PISELLI
I piselli non sono solo ricchi di ferro e vitamine, ma contengono tante fibre che aiutano il vostro intestino.

NOCCIOLE
Sorprendentemente, le nocciole hanno un'elevato contenuto di fibre ed aiutano a velocizzare il metabolismo.

MELE
Oltre ad essere deliziose, le mele sono un'ottima fonte di fibre per il vostro corpo.

KIWI
Al mattino, un kiwi con uno yogurt aiuteranno il vostro intestino pigro a risvegliarsi.

CIPOLLE
Forse per il fiato non sono proprio unn toccasana, ma faranno molto bene al vostro corpo!

BULGUR
Sono dei chicchi di frumento molto utilizzati in Medio Oriente. Sono ricchissimi di fibre!

“Ragazze che ne pensate di questi consigli utili? Interessanti no? Spero che possiate trarne giovamento e che vi possano aiutare nella vostra alimentazione giornaliera!A me funzionano alla grande credetemi

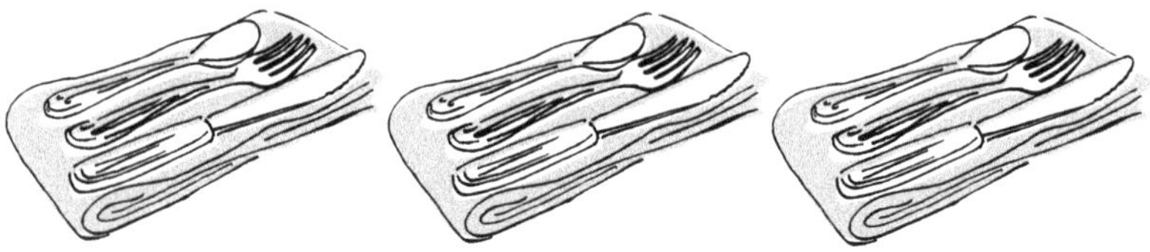

Comunque sia, vi siete mai chieste quali sono i cibi piu dietetici?

Ebbene si esistono……continuate a leggere

Naturalmente al primo posto c’è l’acqua minerale naturale. La raccomandazione è sempre quella di berne fino a 2 litri al giorno, ma perché? Il nostro corpo è costituito al 90% di acqua, quindi bere tanto ci depura, normalizza le funzioni renali e quelle dell’intestino – ha infatti proprietà diuretiche e lassative -, ed è un’alleata della dieta perché gonfia le fibre assunte con altri alimenti, apportando un rapido senso di sazietà. Dovremmo sempre avere a portata di mano – come buona regola e abitudine – una bottiglia di acqua minerale naturale.
L’acqua gasata è meno indicata perché tende a gonfiare l’addome, anche se **può facilitare la digestione. Da evitare è quella super gasata, frizzantissima, perché irrita stomaco e colon.**

Al secondo posto, inaspettatamente, c’è la frutta, anche la più zuccherina. Purché se ne faccia “buon uso”.
E’ infatti un ideale e gradevole sostituto dei dolci e del dessert – quando ci assale la voglia di qualcosa di dolce durante la giornata-, ed è uno snack perfetto a metà mattina e a metà pomeriggio.
Per la sua proprietà di fermentare nello stomaco, prima di essere completamente digerita, è tuttavia consigliabile **mangiarla sempre lontano dai pasti, in modo da non rallentare i processi digestivi.**

Tra la frutta, un alimento amico della dieta – che spesso invece è considerato da evitare – è **la banana**. L’importante è mangiarla da sola, come spuntino: e’ un piccolo pasto completo, ricchissimo di potassio e povero di grassi!
Le fragole sono ottime per chi è a dieta: sono povere di zuccheri, ricchissime di sali minerali e vitamina C e hanno proprietà diuretiche.
I kiwi, poi, sono preziosi per dimagrire perché – oltre ad essere una fonte primaria di vitamina C – contengono una dose elevata di fibre. Quindi saziano e hanno proprietà lassative.
E **la mela**? Se rossa e mangiata con la buccia ha una inaspettata proprietà bruciagrassi.

Un frutto molto particolare è il limone. E' l'agrume che contiene la minor quantità di zuccheri e, allo stesso tempo, svolge una spiccata attività protettiva della microcircolazione. Aiuta la digestione, combatte la cellulite, depura l'organismo. Non a caso esiste una Dieta del Limone, e una sana abitudine è svegliarsi la mattina bevendo un bicchiere d'acqua e limone.

Al terzo posto, tra gli alimenti più dietetici, naturalmente c'è la verdura. Ricca di fibre, di vitamine e sali minerali essenziali per il nostro organismo, ma anche di **proteine nobili**, cioè quelle più dietetiche e facilmente digeribili.
Tra le verdure, diamo ampio spazio a quelle che si possono mangiare in pinzimonio: **carote, sedano, peperoni, cime di rapa, cetrioli**, ecc. Solo quelle meno caloriche e più ricche di vitamine.

Discorso a parte per **aglio e cipolla**, che pure sono **grandi alleati delle diete dimagranti**.
L'aglio – quasi a zero calorie – ha la spiccata proprietà di risvegliare il metabolismo, quindi di bruciare i grassi più in fretta.
La cipolla ha un forte potere diuretico: elimina presto le scorie attraverso la diuresi, ma aiuta anche a combattere la ritenzione dei liquidi e quindi la cellulite.

Un'insalata "preziosa" per la dieta è la rucola: contiene un'elevatissima quantità di vitamina C e vitamina A, ed ha la capacità di stimolare il metabolismo, facilitando quindi la combustione del grasso corporeo.
Infine **la zucca** – questo pochi lo sanno -, oltre ad avere pochissime calorie, ha proprietà calmanti, quindi è l'ideale alleata **contro la nostra fame nervosa.**

Lo yogurt e il kefir – che oggi si trova facilmente al supermercato – sono alimenti da tenere stretti durante le diete dimagranti.
Saziano, regolarizzano l'apparato digestivo e quello intestinale con la ricchezza dei loro fermenti lattici, hanno proprietà lassative e pochissime calorie. Al contempo apportano, però, un'elevata quantità di proteine magre, di facile digestione. **Pochi lo sanno, ma lo yogurt è più facilmente digeribile del latte, anche se parzialmente scremato.**

E poi, **l'uovo**: alimento iperproteico per eccellenza, è ricchissimo anche di sali minerali, ma anche di enzimi capaci di contribuire notevolmente alla formazione della massa magra, soprattutto quando si svolge dello sport.

Parliamo dei cereali: miti e realtà.
La regola è che qualsiasi carboidrato è preferibile se assunto nella sua forma integrale, non solo perché è più ricco di fibre, ma anche perché apporta meno zuccheri e, quindi, meno calorie.
L'ideale è consumare i cereali a colazione oppure al posto dei carboidrati soliti – come pane, pasta, riso -. Un pasto a base di cereali tipo fiocchi di avena o crusca va benissimo in una dieta, ma **non insieme ad altri carboidrati più complessi.**
Bisogna tenere presente – quando si è a dieta, e in ogni caso, come buona educazione alimentare – che **i carboidrati vanno mangiati preferibilmente a pranzo e non a cena.**

Passiamo a parlare degli **alimenti proteici: carne e pesce. Quali scegliere quando si è a dieta?**
Il pollo, innanzi tutto, è un alleato prezioso nelle diete: facilmente digeribile, ha un contenuto minimo di grassi, quindi aiuta a ridurre la massa grassa e ad aumentare quella magra. **Anche la carne di tacchino** ha le stesse proprietà, e forse con un gusto maggiore.
Naturalmente, tutto dipende dal metodo di cottura: non si può pensare che una dieta contempli il pollo fritto o la pelle del pollo arrosto. Ma qui – per fortuna – il buon senso ci viene incontro.

Il pesce, poi, lo consigliamo tutto, dai crostacei al pesce azzurro ai filetti di pesci più grossi. Anche quelli meno magri, che apportano più calorie, sono la principale fonte dei fondamentali **acidi grassi Omega-3**, di cui il nostro organismo ha tanto bisogno. Come anti-età, come aiuto per la circolazione cardiaca, come regolatori della pressione cardiaca.

Grandi alleate delle diete dimagranti sono le spezie: esistono, infatti, diete dimagranti mirate solo al loro consumo.
Tra le spezie, innanzi tutto ricordiamo **pepe e peperoncino**, ricchissimi di vitamina C e capaci di accelerare il nostro metabolismo, consentendo al nostro organismo di bruciare i grassi più in fretta e meglio.
Le bacche di ginepro hanno proprietà diuretiche, **salvia e rosmarino** aiutano la digestione, mentre **lo zenzero** rilassa e distende l'intestino.
Considerate insomma solo sostanze per insaporire i cibi, le spezie sono ricchissime di proprietà dietetiche e soprattutto ci aiutano a **cucinare diminuendo la quantità di sale sugli alimenti. E il sale – lo sappiamo – è nemico della nostra linea.**

Non possiamo non concludere parlando del **the, in particolare del the verde**.
Gradevolissimo sostituto del caffè – ma meno irritante per lo stomaco e per il Sistema Nervoso – contiene teina e caffeina, che scientificamente sono state dimostrate **sostanze bruciagrassi**.
Il the ha zero calorie, ma è preziosissimo per stimolare e accelerare il metabolismo e anche nel contrastare i sintomi dell'invecchiamento.

Come purificare l'organismo con la detox water, che cosa è?

Per riequilibrare il PH dello stomaco la cosa migliore è prepararsi una *detox water,* tagliando un limone bio in 2 e facendolo bollire i mezzo litro d'acqua per 3 minuti. Ricavate il succo schiacciandolo con una forchetta nell'acqua di cottura. Filtrate e bevete solo questa bibita per una giornata intera.

In estate una bella caraffa di acqua piena di frutta fa la sua bella figura, così come i ghiaccioli fai da te che si possono creare semplicemente congelandola! Quello che serve per la preparazione è veramente poco: una brocca per l'acqua (meglio se in vetro), un mestolo in legno, un coltello e del cellophane. La **preparazion**e ha lo stesso livello di semplicità:

1. La frutta/verdura va lavata alla perfezione, e poi tagliata in fettine sottili;
2. Si versa in acqua fredda, per poi coprire la brocca con del cellophane e lasciarla riposare in frigorifero;
3. Dopo la nottata sarà pronta e conservabile per circa 3 giorni.

Io di solito la preparo una diversa dall'altra, potete aggiungere tutt la frutta che volete con l'aggunta o meno di basilico o menta o zenzero, secondo i gusti personali.

Interessante no?A me funziona tanto mi sgonfia, mi fa andare in bagno molto spesso e quindi mi drena di parecchio i liquidi in eccesso e fa benissimo perché depura l'organismo.

Provare per credere....

Acqua e alimentazione: perché è importante bere
Importanza dell'acqua in una corretta alimentazione

Acqua e alimentazione: perché è importante bere

Bere in maniera adeguata:

- favorisce l'eliminazione delle sostanze di rifiuto dall'organismo in quanto aumenta l'escrezione di urina e sudore.
- Favorisce lo sviluppo muscolare in soggetti che pratichino attività fisica in quanto: a) il 75% della massa muscolare è costituita da acqua; b) l'acqua antagonizza gli effetti catabolici del cortisolo. Se l'attività fisica è prolungata le ghiandole surrenali aumentano la produzione di cortisolo. Il cortisolo è un ormone che ha un effetto catabolico sul tessuto muscolare, cioè tende a "disgregarlo" per produrre energia. L'acqua contrasta tale attività catabolica.
- Ha un effetto "estetico" in quanto l'acqua conferisce forma e rigidità ai tessuti.
- Consente di mantenere adeguatamente umide le superfici di: naso, occhi, orecchie.
- Favorisce una adeguata lubrificazione delle articolazioni tramite la produzione di liquido sinoviale

Acqua e alimentazione: perché è importante bere

Che cosa bere

- Le bibite zuccherate vanno limitate o evitate. Innalzano bruscamente la glicemia, determinano una riduzione del senso di fame (solo momentanea), ciò, soprattutto nei bambini, favorisce una cattiva alimentazione. Il bimbo consuma bibite zuccherate durante il pasto (o immediatamente prima), ciò determina un rapido innalzamento della glicemia che causa sensazione di sazietà. Il bambino smette di mangiare ma la sensazione di fame ritorna entro poche ore (prima di tre ore dalla fine del pasto). Il bimbo, generalmente, reagisce alla recidiva sensazione di fame consumando "cibi spazzatura" (es. merendine, biscotti) che favoriscono sovrappeso ed obesità. Studi scientifici hanno rilevato che il consumo di bevande zuccherate è associato ad un incremento del peso corporeo.
- Il consumo di un bicchiere di acqua tiepida al mattino favorisce la peristalsi intestinale, quindi l'evacuazione (contrastando la stitichezza).
- Il consumo di acqua fredda durante i pasti può causare problemi digestivi durante i pasti, dolori e crampi allo stomaco lontano dai pasti. È buona norma, pertanto, consumare acqua a temperatura ambiente anche d'estate.

Acqua e alimentazione: perché è importante bere
Acqua e alimentazione: perché è importante bere

Quanta acqua bere al giorno

- La quantità di acqua da consumare al giorno è compresa tra 1200 ml (6 bicchieri da acqua) e 2000 ml (10 bicchieri da acqua). Il consumo medio di 1500 - 1600 ml può essere ottenuto consumando: un bicchiere di acqua a colazione, due bicchieri di acqua a pranzo, due bicchieri di acqua a cena e mezzo litro di acqua lontano dai pasti.
- Il consumo di acqua, indicato al punto precedente, aumenta:

  se si svolge attività fisica. L'attività fisica genera calore, per prevenire un innalzamento eccessivo della temperatura corporea l'organismo incrementa l'escrezione di sudore. Il sudore, evaporando, sottrae calore al corpo surriscaldato (l'evaporazione di un grammo di sudore dalla superficie della cute sottrae al corpo 0,6 calorie).

  In alta quota. Ad altitudini superiori a 2500 metri aumentano l'escrezione di urina e la frequenza respiratoria con conseguente incremento delle perdite di acqua da parte dell'organismo (nell'acqua espirata è contenuto vapor acqueo, normalmente, ogni giorno, tra 250 ml e 350 ml di acqua sono eliminati attraverso questa via).

  In tutte le occasioni in cui si ha un incremento della sudorazione, oltre all'attività fisica: stati febbrili e climi particolarmente caldi.

  Nel caso di perdite idriche dovute a diarrea o vomito.

  Durante la gravidanza e l'allattamento. Per le donne gravide è indicato un consumo giornaliero di acqua di 2100 ml al giorno, per quelle che allattano un consumo di 3100 ml al giorno.

Acqua e alimentazione: perché è importante bere

Bere molto è utile per "stare bene" o "dimagrire"?

No, anzi. Un consumo eccessivo di acqua (indicativamente bere oltre 4- 5 litri di acqua al giorno, in assenza di attività fisica o particolari condizioni climatiche):

- rallenta la digestione. Bere in maniera esagerata durante i pasti causa una eccessiva diluizione del succo gastrico per cui il pasto tende a "restare sullo stomaco".
- Incrementa la pressione arteriosa per aumento del volume di sangue.

"Dieta colorata e divertente......ve ne state accorgendo di stare a dieta? Fate la fame? No non credo proprio, il segreto per perdere peso piano con calma ma in tutta salute è mangiare sano non farsi mancare nessun nutrimento necessario per il benessere del nostro organismo e del sano movimento fisico.

Con questo voglio dire che il nostro corpo per stare bene ha bisogno sia di carboidrati che di proteine, quindi non eliminateli miraccomando.

Alimentazione e carboidrati
I carboidrati, oltre che in semplici e complessi, vengono classificati in base alla loro disponibilità. Si definiscono disponibili tutti quei nutrienti che possono essere utilizzati dall'organismo; al contrario, l'utilizzo di quelli non disponibili è impedito da difficoltà durante la digestione, l'assorbimento o la loro metabolizzazione.

Alimentazione e carboidrati

Il corpo umano ha la capacità di depositare i carboidrati sottoforma di glicogeno. Si tratta tuttavia di riserve abbastanza limitate, quantificabili nell'ordine di 380-500 grammi. Se tali scorte glucidiche vengono ossidate liberano circa 2000 Kcal, sufficienti a mala pena per sostenere il fabbisogno energetico a digiuno e a riposo per 24-48 ore. Nell'individuo fisicamente attivo tali riserve si esauriscono con maggiore rapidità, indicativamente nel giro di 16-20 ore.

I depositi lipidici dell'organismo sono invece molto più abbondanti. Un individuo in buona forma fisica possiede infatti circa 12 Kg di massa grassa, che al momento del bisogno possono liberare fino a circa 100.000 Kcal.

L'organismo "preferisce" accumulare riserve energetiche sottoforma di lipidi anziché di carboidrati per due motivi: innanzitutto perché i lipidi sono più energetici (9 Kcal/g contro le 4 Kcal/g dei glucidi); inoltre nei depositi adiposi è presente pochissima acqua.

I carboidrati sono di due tipi principali:

- carboidrati semplici,
- carboidrati complessi.

I carboidrati semplici comprendono gli zuccheri che si trovano in natura nella frutta, nella verdura, nel latte e nei prodotti caseari, ma anche gli zuccheri aggiunti durante la conservazione e la preparazione degli alimenti. Qual è la differenza? In generale, gli alimenti con zuccheri aggiunti contengono meno sostanze nutritive rispetto a quelli con aggiunta di zuccheri.

Un modo per evitare questi zuccheri è quello di leggere l'elenco degli ingredienti sulle etichette degli alimenti. Gli zuccheri aggiunti, in genere, sono indicati come:

- Zucchero di canna,
- Sciroppo di mais,
- Destrosio,
- Fruttosio,
- Succo di frutta concentrato,
- Glucosio,
- Sciroppo di mais ad alto contenuto di fruttosio,
- Miele,
- Zucchero invertito,
- Lattosio,
- Maltosio,
- Sciroppo di malto,
- Melassa,
- Zucchero,
- Saccarosio,
- Sciroppo.

Se nell'elenco degli ingredienti compare una qualsiasi delle denominazioni sopraelencate, potete essere sicuri che l'alimento contenga zuccheri aggiunti. In genere più l'ingrediente è in alto nell'elenco maggiore è il contenuto di zuccheri aggiunti dell'alimento.

Per evitare gli zuccheri aggiunti è inoltre possibile:

- Scegliere l'acqua anziché le bevande gassate dolcificate,
- Bere mezza tazza di succo 100% frutta anziché di succo di frutta generico,
- Mangiare un po' di frutta fresca al posto del dolce ed evitare i dolci con aggiunta di zuccheri,
- Scegliere cereali per la colazione senza zuccheri aggiunti o con pochi zuccheri aggiunti..

Probabilmente già sapete che gli zuccheri e gli amidi sono un fattore chiave per la formazione delle carie, ma ricordarlo nuovamente non guasta mai, soprattutto per quanto riguarda i bambini. Per prevenire le carie, ricordatevi di lavare i denti, passare il filo interdentale e assumere il fluoro.

Carboidrati complessi

Gli amidi e le fibre alimentari sono le due categorie di carboidrati complessi: gli amidi, infatti, devono essere modificati con la digestione prima che l'organismo riesca a usarli come fonte di glucosio.

Gli amidi e le fibre alimentari si trovano in pochi alimenti, come il pane, i grissini, la pizza, i cereali ed alcune verdure (patate, fagioli secchi, piselli); le fibre alimentari si trovano principalmente nelle verdure, nella frutta e negli alimenti a base di cereali integrali.

Fibra alimentari

Sulle etichette degli alimenti le fibre alimentari sono indicate come solubili oppure come insolubili.

La fibra solubile si trova in questi alimenti:

- farina d'avena,
- crusca,
- frutta a guscio e semi,
- nella maggior parte dei tipi di frutta (ad esempio fragole mirtilli, pere e mele),
- fagioli e legumi secchi.

La fibra insolubile, invece, si trova negli alimenti seguenti:

- pane integrale,
- orzo,
- riso integrale,
- cuscus,
- bulgur o cereali integrali,
- crusca,
- semi,
- maggior parte delle verdure,
- frutta.

Qual è il tipo di fibra migliore? Entrambe!

Ognuno di essi presenta importanti benefici per la salute, quindi è fondamentale introdurre nella dieta tutti questi alimenti per ottenere una quantità sufficiente di entrambi i tipi di fibra. Avrete una maggior probabilità di ottenere le altre sostanze nutritive eventualmente mancanti, se sceglierete uno o due alimenti ad alto contenuto di fibre.

- Le fibre solubili si legano ai grassi nell'intestino e li trasportano via sottoforma di sostanze di rifiuto, diminuendo così il colesterolo cattivo (LDL, o lipoproteine a bassa densità); servono anche per regolare l'uso che l'organismo fa degli zuccheri, perché tengono sotto controllo lo stimolo della fame e la glicemia.
- Le fibre insolubili facilitano il transito intestinale, perché promuovono la regolarità e aiutano a prevenire la costipazione

Carboidrati ed indice glicemico

La distinzione tra carboidrati semplici e complessi ha senso dal punto di vista chimico, però non serve praticamente a nulla quando si tratta di spiegare che cosa succede ai diversi tipi di carboidrati all'interno dell'organismo; ad esempio l'amido contenuto nel pane bianco e nelle patatine fritte è chiaramente classificabile come carboidrato complesso, però l'organismo lo converte in glucosio quasi alla stessa velocità con cui viene assimilato il glucosio puro. Il fruttosio (lo zucchero della frutta) è un carboidrato semplice, ma ha un effetto minimo sulla glicemia.

Esiste però un nuovo parametro, l'indice glicemico, che mira a classificare i carboidrati a seconda della velocità e del livello con cui fanno aumentare la glicemia in rapporto alla quantità di glucosio assunta. Gli alimenti con indice glicemico alto, come il pane bianco, fanno aumentare repentinamente la glicemia, mentre quelli con indice glicemico basso, come l'avena integrale, sono digeriti più lentamente e quindi fanno aumentare la glicemia più lentamente e meno bruscamente.

Un indice glicemico pari o superiore a 70 è considerato alto, mentre un indice glicemico pari o inferiore a 55 è considerato basso.

L'indice glicemico degli alimenti dipende da molti fattori diversi, tra cui ricordiamo:

- Raffinazione. I cereali macinati e raffinati (cioè privati della crusca e del germe) hanno un indice glicemico maggiore rispetto a quelli integrali.
- Tipo di amido. Gli amidi hanno diverse configurazioni chimiche. Alcuni sono più facili da spezzare in molecole di glucosio. Gli amidi contenuti nelle patate, ad esempio, sono digeriti e assorbiti dal sangue abbastanza velocemente.
- Contenuto di fibre. Gli zuccheri contenuti nelle fibre hanno una struttura chimica che crea problemi all'organismo quando si tratta di spezzarli. Più un alimento è ricco di fibre, meno i carboidrati in esso contenuti sono digeribili e meno glucosio riesce a fornire all'organismo.
- Maturazione. La frutta e la verdura mature tendono ad avere più zuccheri rispetto a quelle non mature, e quindi il loro indice glicemico in genere è maggiore.
- Contenuto di grassi e di acidi. Più l'alimento o il pasto sono ricchi di grassi e di acidi, più la conversione dei carboidrati in glucosio e l'assorbimento del glucosio nel sangue rallentano.
- Forma. I cereali macinati più fini sono digeriti più velocemente e quindi hanno un indice glicemico maggiore rispetto a quelli macinati più grossolanamente.

L'indice glicemico non dice la quantità di carboidrati digeribili contenuti nell'alimento. Prendiamo ad esempio l'anguria: questo frutto dolce ha un indice glicemico molto alto; però una fetta di anguria contiene una minima quantità di carboidrati per porzione (l'anguria è costituita perlopiù da acqua). Per questo motivo i ricercatori hanno ideato un parametro per classificare gli alimenti che prende in considerazione sia la quantità di carboidrati dell'alimento sia l'impatto dei carboidrati sulla glicemia: questo parametro è detto carico glicemico.

Il carico glicemico di un alimento si ottiene moltiplicando l'indice glicemico per la quantità di carboidrati contenuti nell'alimento. In generale, un carico glicemico pari o superiore a 20 è alto, da 11 a 19 è medio, mentre se è pari o inferiore a 10 è basso.

L'indice glicemico non può essere usato decidere che cosa mangiare, ad esempio una barretta di cioccolato e malto ha un indice glicemico di 41, che è considerato basso, però non è per niente sana. L'indice glicemico, piuttosto, va usato come guida generale. Se possibile, sostituite i cereali e gli zuccheri molto raffinati con i loro equivalenti interi o poco raffinati. Cercate di mangiare le patate (che una volta erano nell'elenco dei carboidrati complessi da preferire) solo raramente, perché hanno sia un indice glicemico sia un carico glicemico alti.

E dopo questo favoloso notiziario sui carboidrati, passiamo alle proteine la carne quella piu magra che in ogni dieta che si rispetti è presente e ci aiuta ad avere forza ma nello stesso momento aiuta a dimagrire perché sono davvero pochissimi i grassi che si assumono con le carni magre.

Carne e salute

Carni Magre

Le carni magre ad elevato consumo sono:

- Bovino adulto: fesa, girello, noce, sottofesa
- Vitello
- Cavallo (tutti i tagli)
- Coniglio (tutti i tagli)

- Pollo (senza pelle)
- Maiale leggero: coscio e lombo sgrassato
- Tacchino (senza pelle)
- Vitello: filetto

Le carni magre definite obsolete o di nicchia sono:

- Cervo (tutti i tagli)
- Daino (tutti i tagli)
- Bufalo (sgrassato)
- Fagiano (senza pelle)
- Faraona (senza pelle)
- Lumaca
- Rana
- Struzzo (senza pelle, sgrassato)

Cosa ne pensate fino a questo momento di questo libro?Carino e utile vero? Ho fatto il mio meglio sperando che possa tornare utile a tutte quelle persone che vogliono mangiare dimagrendo!

10 cibi brucia grassi che vi aiuteranno a dimagrire!

Nelle diete non mancano mai i cibi brucia grassi, ossia quegli alimenti che non solo generalmente contengono un basso contenuto di grasso e di calorie, ma riescono anche ad aiutare il metabolismo a bruciare più facilmente calorie e, di conseguenza, anche qualche chiletto di troppo!

Ecco una lista dei 10 cibi brucia grassi che non potete farvi sfuggire e che daranno alla vostra dieta una marcia in più!

Ananas:
il suo bassissimo apporto calorico unito alle sua tantissime qualità lo rende uno dei ***cibi brucia grassi più potenti*** *in assoluto! Impedisce ai grassi di essere assimilati dal corpo, favorisce la digestione e ha un alto potere drenante e depurativo. Da non far mancare per nessun motivo alla vostra dieta!*

Legumi:
i legumi rientro tra i cibi brucia grassi che permettono di sedare rapidamente la fame: ricchi di fibre, i legumi sono perfetti anche per favorire la digestione.

Salmone:
tra i pesci viene categorizzato tra i grassi, ma il suo altissimo contenuto dei omega tre lo rende un cibo da non far mancare in nessuna dieta. Proprio il suo alto contenuto di omega tre mette l'organismo nelle condizioni ideali per bruciare grasso! Una ricetta light e sfiziosa? Ecco gli ***asparagi con salmone>>***

Rucola:
tra le insalate è una delle più ricche di vitamina A e C, importantissimi per stimolare il metabolismo e attivare il consumo di calorie. Provatela in questa ***insalata velocissima>>***

Fragole:
non sono solo buonissime, ma fanno anche bene! Le ***fragole*** *hanno poche calorie e pochi zuccheri: inoltre sono un potete cibo depurativo che contrasta anche la cellulite! L'importante è mangiarle da sole, senza zuccheri aggiunti! Usatele anche per un aperitivo sfizioso:* ***spiedini di fragole e feta>>***

Peperoncino:
imparate a diminuire la dose di sale e a insaporire le vostre portate con il peperoncino: quest'ultimo accelera il ***metabolismo****, frena la fame e lotta contro i cuscinetti di grasso!*

Cereali:
immancabili nella lista dei cibi per una dieta sana ed equilibrata: ricchi di preziose fibre che permettono al corpo di trovare il giusto equilibrio, hanno anche un alto potere saziante! Utilissimi durante gli attacchi di fame nervosa: inoltre aiutano a ***prevenire l'accumulo di grasso****!*

Avocado:
da sempre considerato un nemico della dieta, in realtà è stato dimostrato che i suoi grassi "sani" aiutano il corpo a far aumentare il metabolismo e a placare la fame.

Pompelmo:
altro cibo brucia grassi quasi miracoloso! Grande potere drenante che fa di questo frutto uno dei ***cibi anti-cellulite migliori****. Inoltre riesce a saziare rapidamente: perfetto per uno spuntino pomeridiano!*

Tè verde

*sostituite la tradizionale tazza di tè con il tè verde: avrete un alleato non solo per la dieta ma anche contro l'invecchiamento! Il **tè verde** è infatti non solo un alimento brucia grassi, ma permette anche di favorire la digestione e vi donerà una pelle più luminosa!*

………...

E siamo giunti quasi alla fine di questo libro che spero con tutto il cuore vi sia piaciuto e soprattutto che vi sia stato utile, ma prima di salutarvi voglio darvi ancora qualche ricettina dietetica o light come si suol chiamare con le sue kcal cosi fate prima,preparate il piatto e sapete gia quante calorie contiene…una bella sorpresa per voi gentilissime lettrici….pronte viaaaaaaaaaaaaaaaaaaaaa

Ricetta Riso con carote e zucchine

Il riso con le carote e le zucchine è una soluzione ideale per chi segue una dieta ipocalorica o semplicemente per chi vuol mangiare sano.
La carota svolge un'azione lenitiva nei confronti dell'apparato digerente, regolarizzando le funzioni intestinali, e la sua cottura non distrugge il Betacarotene.
Un piatto leggero, povero di calorie e a basso contenuto di grassi

2 zucchine

2 carote

150 gr di riso

1 cucchiaio di olio

Tagliare le verdure a piccoli pezzettini (rettangolini spessi 1-2 millimetri)

Nel frattempo far bollire l'acqua, quando l'acqua è pronta, salare, buttare il riso, le carote e le zucchine.

Fare bollire il tempo riportato sulla confezione. Nel caso del riso basmati occorrono circa 10 minuti.

Una volta cotto, scolare e condire con l'olio extra vergine di oliva.

Se gradite aggiungere una spolverata di parmigiano grattugiato.

Attenzione, se usate un riso che richiede una cottura molto lunga (30-40 minuti), le verdure inseritele gli ultimi 10 minuti, altrimenti rischiano di frantumarsi totalmente.

369 KCAL a porzione

Ricetta Pizza bianca light, con zucchine e patate

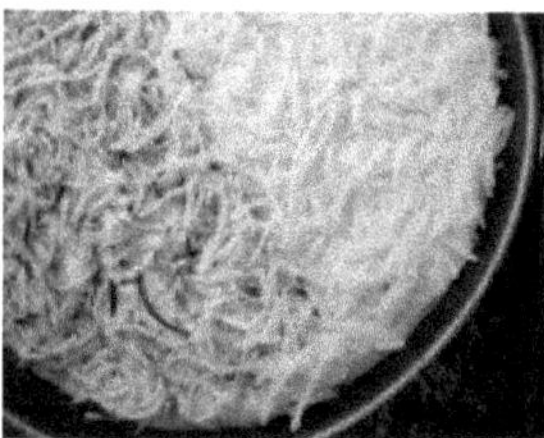

La pizza fatta in casa è **perfetta per una cena in due**, sia per chi è a dieta e sia per chi non lo è. L'idea infatti è quello di dividerla a metà: da una parte le zucchine, ideali per chi segue una dieta ipocalorica, dall'altra le patate, sfiziose per chi non ha problemi di linea.

250 g di farina '0'

1 zucchina

150-180 g di acqua

1 patata media

50 g di farina Manitoba

1/2 cubetto di lievito di birra (poco meno)

1 cucchiaio di olio extravergine di oliva

1 cucchiaino di sale (raso)

1 pizzico di sale

Prendere una ciotola e mescolare le due farina con il sale e mescolare per bene. Formare un piccolo buco al centro e aggiungere l'olio.

In un bicchiere sciogliere il lievito con l'acqua e il pizzico di zucchero. Aggiungere alla farina il lievito sciolto con l'acqua e cominciare ad impastare. Se l'impasto risulta un po' appiccicoso ungetevi le mani con un po' di olio e continuate a impastare, fino ad ottenere un impasto omogeneo.

Lasciare l'impasto nella ciotola formando una palla, con un coltello formate un croce e coprire la ciotola con una strofinaccio bagnato o pellicola (non deve toccare l'impasto).

Lasciare lievitare in forno spento.

Per aiutare la lievitazione: prendete un pentolino fate bollire dell'acqua e poi mettete il pentolino in forno.

Dopo un ora e mezza circa (anche due se necessario) quando l'impasto sarà bene lievitato: la croce si deve essere bella aperta. Prendere l'impasto (senza lavorarlo) e sistematelo su una teglia per pizza ricoperta da carta forno. Lasciare lievitare per un altra ora in forno.

Trascorsa un'ora procedere con la cottura: accendere il forno a 240° e nel frattempo tagliare le zucchine e le patate alla julienne e con una forchetta punzecchiate il centro della pizza lasciando i bordi piu alti. Sistemate le zucchine in una metà e nell'altra le zucchine, aggiungiure sale, aromi e spezie e infine un filo di olio e.v.o

Cuocere la pizza per 10-15 minuti e godetevi la vostra pizza

Calorie
643 Kcal

Ricetta Frittata light al forno con riso zucchine e basilico

200 gr. di riso lessato

150 gr. di zucchine a rondelle sottili

2 uova

1 scalogno tagliato a rondelle

2 cucchiai di parmigiano grattugiato

1 cucchiaio di basilico tritato

1 cucchiaino e mezzo di olio extravergine di oliva

Sale q.b.

Metti in una padella antiaderente l'olio extravergine di oliva insieme allo scalogno pelato e tagliato a rondelle.

Unisci subito le zucchine lavate e tagliate a dischetti sottili e condisci con sale ed una bella macinata di pepe rosa.

Aggiungi il basilico tritato, mescola e bagna con mezzo bicchiere di acqua fredda.

Mescola e continua la cottura a fiamma medio bassa, mescolando spesso, finchè il fondo di cottura non si sia asciugato tutto.

A questo punto spegni il fuoco e lascia intiepidire.

Nel frattempo rompi le uova in una terrina, condisci con sale e pepe rosa appena macinato e sbattile con una forchetta.

Unisci 1 cucchiaio parmigiano grattugiato e mescola.

Aggiungi anche il riso lessato e fallo incorporare al composto di uova.

Infine unisci le zucchine e mescola bene tutti gli ingredienti.

Ungi una pirofila con un filo di olio extravergine di oliva sia sul fondo che sui bordi.

Trasferisci il composto nella pirofila stendendolo bene e livellandolo.

Spolverizza tutta la superficie con il resto del parmigiano e metti in forno caldo a 180° lasciando cuocere per 20 minuti o finchè si sarà formata sulla superficie un'invitante crosticina dorata.

Estrai dal forno, lascia raffreddare e poi trasferisci la frittata su di un piatto di portata.

Servi in tavola tagliandola a fette davanti ai tuoi commensali

Calorie
143 Kcal

CONCLUSIONI:

Questo libro è stato un capitolo di ciò che piano piano sto studiando per me stessa, ho voluto proporre i miei studi sperando di aiutare con ricettine e consigli utili quelle donne che come me sono a dieta perché devono perdere peso e anche perché non conoscevano neanche minimamente cosa volesse dire mangiare sano, di cosa il nostro organismo avesse bisogno per stare bene.

Ecco scrivendolo ho voluto o meglio ho provato ad aiutare tutte queste persone, sperando di esserci riuscita vi do un caloroso arrivederci con il prossimo libro…….chissà….sorpresa!

Maria.P

www.ingramcontent.com/pod-product-compliance
Ingram Content Group UK Ltd.
Pitfield, Milton Keynes, MK11 3LW, UK
UKHW020228250726
13967UKWH00001B/244